BOEKANALYSE

AF142099

Het parfum

· · · · · · · · · · · · · · · · · ·

Patrick Süskind

BOEKANALYSE

Geschreven door Vincent Jooris
Vertaald door Nikki Claes

Het parfum

PATRICK SÜSKIND

PATRICK SÜSKIND

DUITS ROMANSCHRIJVER, TONEELSCHRIJVER EN SCENARIOSCHRIJVER

- **Geboren in Ambach (Duitsland) in 1949.**

- **Opmerkelijke werken:**
  - *De contrabas* (1981), spelen
  - *Perfume: Het verhaal van een moordenaar* (1985), roman
  - *De duif* (1987), roman

Patrick Süskind werd in 1949 in Ambach, Beieren, geboren als zoon van een journalist. Hij begon te schrijven na zijn studies geschiedenis in München en Aix-en-Provence, maar publiceerde zijn werk pas op latere leeftijd. Zijn toneelstuk *De contrabas, dat* in 1981 voor het eerst werd opgevoerd, heeft de vorm van een monoloog van een musicus wiens leven alleen om zijn instrument draait. Daarna verschenen zijn roman *Het parfum* (1985), dat een enorm succes werd, en *The Pigeon* (1987), dat het verhaal vertelt van een bewaker die zijn leven minutieus organiseert om het onverwachte te vermijden. Süskind heeft ook gewerkt als scenarioschrijver voor televisie, en zijn werk valt op door zijn meesterlijke portretten van geïsoleerde individuen en hun obsessies. Hij is erg op zichzelf en schuwt over het algemeen de media-aandacht.

HET PARFUM

EEN MEESTERLIJK EERBETOON AAN DE REUKZIN

- **Genre:** roman

- **Referentie-uitgave:** Süskind, P. (2010) *Parfum: Het verhaal van een moordenaar.* Trans. Woods, J. E. Londen: Penguin.

- **1e editie:** 1985

- **Thema's:** geur, obsessie, moord, talent, waanzin, een-zaamheid, dwangneurose

Het parfum speelt zich af in het Frankrijk van de 18e eeuw. Het volgt het leven van een verstoten wees met een buiten-gewoon reukvermogen, die een seriemoordenaar wordt om een onweerstaanbaar te creëren.

De roman domineerde de Duitse bestsellerlijsten gedurende meerdere jaren na verschijning. In het eerste jaar werden er meer dan 400 000 exemplaren van verkocht en het verhaal is in meer dan 40 talen vertaald.

SAMENVATTING

GRENOUILLES JEUGD

Op 17 juli 1738, op de markt van het Cimetière des Innocents in Parijs, bevalt een visverkoopster onder een kraam. Ze veronderstelt dat het kind doodgeboren is, zoals de kinderen die ze eerder heeft gekregen, en ze laat het achter. Maar de baby leeft en begint te huilen, wat de aandacht trekt van voorbijgangers. De moeder wordt ter dood veroordeeld wegens kindermoord en geëxecuteerd. Het kind krijgt de naam Jean-Baptiste en wordt achtergelaten bij een voedster. Deze heeft echter moeite met het gebrek aan geur van het kind en plaatst hem onder de hoede van een monnik, die hem vervolgens achterlaat bij de strenge Madame Gaillard, die ongewenste kinderen in huis neemt voor geld. Terwijl Grenouille onder haar hoede staat, krijgen de andere kinderen een instinctieve afkeer van hem, waardoor ze hem mishandelen en hem zelfs proberen te verstikken. In die tijd wordt de jongen zich bewust van zijn reukvermogen en begint hij zich te interesseren voor geuren.

Als Jean-Baptiste ongeveer acht jaar oud is, neemt een hardvochtige leerbewerker Grimal hem aan als leerling. De leerlooierijen stinken, maar dat stoort Grenouille niet. Het werk is er echter zwaar en de jonge leerling loopt miltvuur op, dat hij onverwacht overleeft. Zijn reukzin blijft zich ontwikkelen terwijl hij door de straten van Parijs zwerft, en het duurt niet lang voordat zijn mentale catalogus van de geuren van de stad compleet is.

HET KEERPUNT

Op de avond van 1 september 1753 ruikt de tiener Grenouille een vreemde geur die hem totaal overvalt. Hij traceert de bron en vindt een jong meisje dat Mirabelle-pruimen schilt in de rue des Marais. Hij wordt verteerd door een obsessief verlangen om deze geur te bezitten en wurgt het meisje. Bedwelmd door haar geur inhaleert hij gretig de vervagende geur van haar lijk tot het verdwijnt. Dit moment bepaalt de loop van Grenouilles verdere leven, dat wordt bepaald door zijn streven naar één enkel doel: de beste parfumeur ter wereld worden. Overgeleverd aan zijn zintuigen, die hij niet onder controle heeft, besluit hij dat hij de kneepjes van het vak moet leren.

Grenouille weet nog niet dat hij zelf geen lichaamsgeur heeft, en hij heeft geen idee dat hij tientallen mensen zal vermoorden om hun geur te onttrekken en het ultieme parfum te maken, dat iedereen het ruikt volkomen in vervoering zal brengen.

DE STAGE IN DE PARFUMERIE

Grenouille slaagt erin werk te vinden als leerling bij Giuseppe Baldini, een meester-parfumeur. In zijn boetiek aan de Pont au Change werkt Jean-Baptiste vanuit zijn instinct aan nieuwe parfums die zijn werkgever een groot commercieel succes opleveren. Het stoort hem niet dat zijn baas hem uitbuit om geld te verdienen en dat hij beweert de parfums te hebben gecreëerd die hij verkoopt: Het enige waar de tiener om geeft is dat hij het atelier kan gebruiken. Hij leert de techniek van het distilleren, waarmee geuren uit bloemen kunnen worden gehaald. Deze techniek kan echter niet worden gebruikt om de geuren van levenloze voorwerpen zoals metaal en glas te vangen, wat Grenouille enorm frustreert, totdat Baldini hem vertelt dat dit wel kan met andere technieken, die in de stad Grasse in Zuid-Frankrijk. Dit nieuws doet Jean-Baptiste onmiddellijk herleven. Om in Grasse toegelaten te worden als student, zal hij eerst de status van partner moeten verwerven, wat zijn werkgever hem toestaat nadat hij nog drie jaar uitgebuit. In 1756 verlaat Jean-Baptiste daarom Parijs.

DE ZOEKTOCHT NAAR DE PERFECTE ESSENTIE

Tijdens zijn reis naar Grasse krijgt Grenouille steeds meer afkeer van de geur van mensen. Hij vermijdt dorpen en zijn afkeer drijft hem ertoe te schuilen in een grot in Plomb du Cantal, een geïsoleerd gebied in de Auvergne. Zeven jaar lang leeft hij als kluizenaar en in die tijd bekijkt hij zijn mentale inventaris van geuren en herinnert hij zich alle geuren die hij is tegengekomen, met name die van het jonge meisje in de rue des Marais. Op een dag droomt Jean-Baptiste van zijn eigen geur, wat hem angst aanjaagt. Als hij ontdekt dat hij die niet heeft, besluit hij de grot te verlaten. Dit leidt ook tot het besef dat zijn gebrek aan lichaamsgeur hem in het verleden in staat heeft gesteld onopgemerkt te blijven, en hij besluit daarom een parfum te maken ter vervanging.

Bij zijn terugkeer naar de beschaving ontmoet Grenouille de markies de la Taillade-Espinasse, een wetenschapper die hem gebruikt om zijn theorieën te bewijzen. Grenouille stort zich ook op zijn eigen experimenten en begint te begrijpen hoe geuren de menselijke geest beheersen. Dit geeft hem nieuwe vastberadenheid om zijn doel na te streven: het creëren van een parfum dat mensen kan domineren en tot slaaf maken.

GEUREN VERZAMELEN

Bij zijn aankomst in Grasse gaat Grenouille werken bij Madame Arnulfi, waar zijn collega Druot (de minnaar van Madame Arnulfi) hem de techniek van de enfleurage leert. Jean-Baptiste begint zijn eigen experimenten om zijn kennis te perfectioneren en ontdekt dat deze methode het mogelijk maakt om geuren uit levende wezens te halen.

Bovendien is Grenouille gefascineerd door de geur van Laure Richis, de dochter van de tweede consul, die hij veel beter vindt dan die van het kleine Parijse meisje dat hij enkele jaren eerder vermoordde. In zijn zoektocht naar het perfecte parfum begint hij de geuren van mooie jonge maagdelijke meisjes te verzamelen: daarvoor vermoordt hij 24 meisjes. Grasse wordt gegrepen door angst. Uit angst voor het leven van zijn dochter stuurt Richis haar ver weg van de stad, maar Jean-Baptiste, die ervan overtuigd is dat hij de geur van Laure nodig heeft, haalt hen in en vermoordt haar.

GRENOUILLES MISLUKKING

Grenouille wordt enkele dagen later gearresteerd, maar hij heeft de tijd om zijn meesterwerk te maken, dankzij de geur van het jonge meisje, samen met die van zijn andere slachtoffers. Op het schavot giet Jean-Baptiste een druppeltje van zijn parfum op zichzelf, en het effect is onmiddellijk: de toeschouwers zijn zo overweldigd dat ze alle controle verliezen, en er breekt een immense orgie uit rond het schavot. Hieruit blijkt dat Grenouille, ondanks zijn eigen afkeer van de mensheid, een parfum heeft weten te creëren dat anderen tot liefde kan aanzetten. Hij blijft echter emotieloos, zelfs als hij wordt omringd door de extase die hij heeft veroorzaakt. Hij wordt gezien als een zuiver wezen en wordt vrijgesproken. Laure's vader adopteert hem zelfs, maar Grenouille keert terug naar Parijs.

In Parijs overdenkt Jean-Baptiste zijn mislukking: naast het feit dat hij de mensheid altijd zal haten, zal hij nooit een eigen geur hebben, en dus geen eigen identiteit. Het leven lijkt alle betekenis voor hem verloren te hebben, dus besluit hij terug te keren naar zijn geboorteplaats. In de vroege uren van 26 juni 1767, omringd door dieven, criminelen en bedelaars, giet hij de hele fles van zijn parfum over zich heen. Iedereen om hem heen is stomverbaasd en denkt een engel te hebben gezien, en wordt overweldigd door een onweerstaanbaar verlangen om hem te grijpen en te bezitten. Zijn belagers scheuren zijn lichaam in stukken en verslinden het, zonder een spoor van Jean-Baptiste Grenouille achter te laten.

KARAKTERSTUDIE

JEAN-BAPTISTE GRENOUILLE

Grenouille werd verlaten door zijn moeder, die dacht dat hij doodgeboren was. Tijdens zijn jeugd kreeg hij van niemand echte aandacht of opvoeding. Van de ene persoon de andere geslingerd, trok hij zich uiteindelijk in zichzelf terug.

Zijn onvermogen om zich aan te passen

Jean-Baptiste Grenouille lijkt wel vervloekt geboren te zijn. Dit wordt de lezer meteen duidelijk gemaakt aan het begin van de roman, die begint met de omstandigheden van zijn geboorte. Zijn relaties met anderen als gecompliceerd omschrijven zou een enorme understatement zijn: in de loop van zijn jeugd wordt hij van de ene verzorger naar de andere gebracht, voordat hij naar een leerlooierij en vervolgens naar een parfumerie wordt gestuurd. Zijn aanwezigheid zorgt altijd voor onrust en hij wordt voortdurend afgewezen. Zijn eerste voedster gelooft dat hij een kind van de duivel is; vader Terrier is ongerust als de baby de lucht om hem heen lijkt te ruiken; de kostgangers van Madame Gaillard proberen hem te vermoorden; en Madame Gaillard zelf gelooft dat hij de mystieke kracht van het tweede gezicht heeft.

Hoewel de andere personages zich allemaal anders voelen rond Grenouille (onbehagen, angst, wantrouwen), wijzen ze hem uiteindelijk allemaal af. Hij wil echter niet geliefd en geaccepteerd worden: hij haat mensen, en verafschuwt vooral hun geur: "Het meest bevrijdend voor hem was het feit dat andere mensen zo ver weg waren" (p. 120). Deze misantropische inslag drijft hem er zelfs toe zeven jaar in een grot door te brengen.

Dan ontdekt hij waarom hij steeds afgewezen: hij heeft geen eigen geur. Omdat hij geen lichaamsgeur heeft, voelen andere mensen hem niet aankomen: "Vanaf zijn jeugd was hij eraan gewend dat mensen hem passeerden en geen enkele aandacht aan hem besteedden, niet uit minachting – zoals hij ooit had gedacht... maar omdat ze zich totaal niet bewust waren van zijn bestaan" (blz. 157-158).

Dit alles betekent dat hij totaal niet in staat is zich aan te passen aan de wereld om hem heen: jarenlang is hij niet in staat de samenleving te begrijpen of te begrijpen waarom hij voortdurend wordt afgewezen, terwijl de samenleving niet in staat is hem te begrijpen of hem als mens te erkennen. Ook is hij niet in de natuurlijke wetten van de wereld (zoals het verschil tussen goed en kwaad) te begrijpen, en niemand neemt de moeite hem die te leren.

Zijn verschijning

Gedurende zijn leven krijgt Grenouille vele ziekten die zijn lichaam misvormen, maar zijn geest versterken. Zijn lelijkheid wordt vaak genoemd:

> "Hij kon dagenlang waterige soep eten, hij redde zich met de dunste melk, verteerde de rotste groenten en bedorven vlees. In de loop van zijn jeugd overleefde hij de mazelen, dysenterie, waterpokken, cholera, een val van drie meter in een put en een verbranding met kokend water over zijn borst. Hij droeg weliswaar littekens, schaafwonden en korsten van dit alles, en

> *een licht kreupele voet liet hem mank lopen, maar hij leefde. [...] Hij had een minimumrantsoen aan voedsel en kleding nodig voor zijn lichaam"* (pp. 21-22).

> *"Hij liep miltvuur op, een ziekte die gevreesd wordt door leerlooiers en meestal dodelijk is. [Maar tegen alle verwachtingen in overleefde Grenouille de ziekte. Het enige wat hij er aan overhield waren de littekens van de grote zwarte karbonkels achter zijn oren en op zijn handen en wangen, waardoor hij misvormd en nog lelijker werd dan hij al was"* (p. 33).

Maar als iemand naar hem kijkt terwijl hij zijn parfum op heeft, ziet hij alleen de illusie van perfecte schoonheid. Mensen zien met hun ogen, maar ze vertrouwen ook volledig op wat hun neus hen vertelt, en Grenouille maakt gebruik van dit feit om hen te betoveren:

> *"Grenouille stond daar en glimlachte. Of liever, het leek voor de mensen die hem zagen dat hij glimlachte, de meest onschuldige, liefdevolle, betoverende en tegelijkertijd meest verleidelijke glimlach ter wereld. Maar in feite was het geen glimlach, maar een lelijke, cynische grijns die om zijn lippen lag [...] klein, gebocheld, kreupel, lelijk, gemeden, een gruwel van binnen en buiten"* (p. 248).

Zijn reukzin

Bizar genoeg verspreidt Grenouille zelf geen geur, maar hij heeft wel een buitengewone reukzin. Hij ontwikkelt dit bijna bovennatuurlijke talent al op jonge leeftijd; in feite gaan zijn eerste woorden over de bronnen van de geuren om hem heen: "vissen", "Pelargonium", "geitenstal", "savooiekool" en "Jacqueslorreur" (p. 24). Niets anders is belangrijk voor hem, alleen de dingen die hij kan ruiken. Al snel begint hij zijn reukzin op een bijna systematische manier te gebruiken, waarbij hij de naam van elke geur in zijn hoofd etst: "Hij dronk het aroma in, hij verdronk erin, zich impregnerend door zijn diepste poriën, tot hij zelf hout werd [...] tot hij na lange tijd,

misschien een half uur of meer, het woord 'hout' kokhalsde"
(blz. 25-26).

Hij heeft ook een ongelooflijk vermogen om nieuwe geuren
te bedenken met elementen uit de wereld om hem heen:

> *"Maar er waren geen esthetische principes die de olfactorische keuken
> van zijn verbeelding beheersten, waar hij voortdurend nieuwe aromati-
> sche combinaties samenstelde en maakte. Hij maakte groteske creaties,
> om ze onmiddellijk weer te vernietigen, als een kind dat met blokken
> speelt – inventief en destructief, zonder duidelijke normen voor zijn creati-
> viteit" (p. 39).*

Zijn naam

Zijn voornaam, Jean-Baptiste, is een verwijzing naar de bij-
belse figuur de Doper, of "hij die zalft", wat verwijst naar de
roeping van de hoofdpersoon als parfumeur. Net als zijn
naamgenoot leeft hij als kluizenaar en eet hij insecten, en
sterft hij een gruwelijke dood.

De naam Grenouille (wat 'kikker' betekent in het Frans) is
meer duister. In sommige opzichten doet het denken aan
het beeld van een heks die arcane ingrediënten in een bor-
relende ketel roert – en in feite lijkt Grenouille vanaf zijn
geboorte omringd te zijn door andere potentiële ingrediënten: rotte meloenen, een verbrande hoorn, vissenkoppen,
een zwerm vliegen, enz. Ten tweede, amfibieën worden
geboren in een waterrijke omgeving en Grenouille werd
ook geboren omringd door vissen. Bovendien zijn kikkers
moerasbewoners, en Grenouilles eerste slachtoffer woonde
in de rue des Marais (*Marais* is het Franse woord voor moe-
ras). Ten slotte hebben studies aangetoond dat kikkers
overontwikkelde reukkwabben hebben in vergelijking met

de rest van hun hersenen, zodat deze naam bijna voorbe-
stemd lijkt.

ANDERE PERSONAGES

Iedereen die Grenouille mishandelt of veracht komt gruwe-
lijk of tragisch aan zijn einde – en er zijn meer dan een paar
personages die er niet terugdeinzen om hun duistere kant uit
te leven en hem uit te buiten voor eigen gewin. Zelfs wanneer
Jean-Baptiste ervan afziet om zelf mensen te vermoorden,
lijkt het lot bereid om wraak voor hem te nemen:

- Zijn moeder, die hem probeert te verlaten, wordt geguillo-
  tineerd.

- Madame Gaillard verkoopt Grenouille aan Grimal en zet
  haar morele principes opzij. Ze sterft in Hotel-Dieu en deelt
  haar bed met vijf andere vrouwen, waar ze haar hele leven
  al bang voor was.

- Grimal, de leerbewerker, geeft alleen om winst. Hij waar-
  deert de onvervangbare Grenouille, maar huisvest hem als
  een dier. Hij verkoopt zijn stukwerker aan Baldini, drinkt al
  het geld weg en laat zich gaan, hoewel dit tegen al zijn
  principes ingaat, voordat hij door een val sterft.

- Giuseppe Baldini, de meester-parfumeur, ziet zijn jonge
  concurrenten als bedriegers die het alleen om het geld te
  doen is. Maar ook hij doet het genie van Jean-Baptiste
  voor als het zijne om rijk te worden. Na Grenouilles vertrek
  stort zijn huis aan de Pont au Change in en wordt hij ver-
  pletterd.

- De markies de la Taillade-Espinasse, die een passie heeft voor wetenschappelijke theorieën, gebruikt Grenouille om een jury te misleiden en te overtuigen van zijn theorieën. Terwijl Jean-Baptiste is gevlucht, blijft de markies opgaan in zijn onderzoek. Overtuigd van de waarheid van zijn eigen leugens, reist hij naar de Pic du Canigou om ze te bewijzen en verdwijnt daar.

- Madame Arnulfi, een vrolijke weduwe, en Druot, haar minnaar, hebben slechts één arbeider in dienst: Grenouille. Hun bedrijf kan alleen overeind blijven dankzij zijn ongelooflijke talent en het feit dat hij zich dag en nacht uit de naad werkt, maar zij zijn degenen die ervan profiteren. Aan het eind van de roman wordt Druot in de plaats van Jean-Baptiste geëxecuteerd, waardoor Arnulfi nog meer alleen en verarmd achterblijft.

Grenouille gebruikt deze profiteurs op zijn manier: hij klampt zich aan hen vast zolang hij denkt dat ze zijn olfactorische opvoeding kunnen bevorderen. In feite is elk van de personages die Jean-Baptiste tegenkomt secundair, omdat het verhaal slechts vanuit één bepaald perspectief bekijkt: de manier waarop ze met Grenouille omgaan. Het hele verhaal is opgebouwd rond de hoofdrolspeler.

GRENOUILLE'S SLACHTOFFERS

Grenouilles eerste slachtoffer is het jonge meisje in de rue des Marais dat Mirabelle-pruimen schilt.

> *"Hij kon zich niet voorstellen hoe zo'n heerlijke geur door een mens kon worden uitgestraald. [...]. Honderdduizend geuren leken waardeloos in aanwezigheid van deze geur. [...]. Op zijn beurt keek hij niet naar haar [...]*

toen hij haar wurgde, want hij had maar één zorg: niet het minste spoor van haar geur verliezen" (pp. 43-45).

In Grasse pikt Grenouille een soortgelijke geur op, die van Laure Richis. Hij besluit echter zijn vaardigheden en kennis aan te scherpen alvorens te handelen, zodat de geur echt perfect zal zijn:

"Hij wilde die geur hebben! [...] de geur van dit meisje bezitten [...] haar geur tot de zijne maken. [...]. Hij had twee jaar om het te leren. [...]. De bloem zou daar bloeien zonder zijn hulp [...]. Hij moest zich op zijn werk storten. Hij moest zijn kennis verbreden en de technieken van zijn vak perfectioneren om toegerust te zijn voor de tijd van de oogst. Hij had ruim twee jaar de tijd." (pp. 178-179).

In die tijd vermoordt hij 24 andere jonge meisjes. Hij slaat ze met een knuppel en verzamelt vervolgens hun geur, zodat hij die kan gebruiken om zijn toekomstige parfum te maken. Hij kleedt ze uit, scheert hun haar en wikkelt ze zorgvuldig in een met olie doordrenkte doek om hun geur te extraheren. Hij kiest meisjes tussen de 15 en 18 jaar, "van die lome vrouwen van donkere honing, glad en zoet en vreselijk plakkerig" (blz. 201), die vrij lang zijn met lang donker haar, dat soms rood of kastanjebruin gekleurd is. De meesten komen uit Grasse, hoewel hij ook een paar Italiaanse meisjes vermoordt. Hun uiterlijk interesseert hem niet, alleen hun wezen. Laure Richis, een roodharige met groene ogen, is het middelpunt van zijn werk, omdat haar geur die van elke andere vrouw overtreft.

ANALYSE

HET PORTRET VAN EEN PSYCHOPAAT

Zijn ambivalentie

Jean-Baptiste Grenouille laat zich niet zomaar in een hokje stoppen, vooral omdat hij tegelijkertijd als held en schurk wordt geportretteerd.

Enerzijds deelt hij een aantal persoonlijkheidskenmerken met literaire helden die al eeuwenlang worden bewonderd:

- Net als de helden uit oude mythen en legenden heeft Grenouille een bovennatuurlijk vermogen: zijn verhoogde reukzin. Naast dit supervermogen lijkt hij ook praktisch onsterfelijk: hij wordt meerdere malen als zo goed als dood beschouwd, zoals de vele keren dat hij dodelijke ziekten oploopt of door andere soorten ongeluk wordt getroffen (zoals wanneer hij bijna doodvriest in de grot), maar hij weet altijd te overleven. Bovendien is hij misschien niet geboren in omstandigheden die zo buitengewoon zijn als die van de halfgoden uit de oude mythologie, maar ze waren zeker ook niet geheel alledaags. Als zodanig vertoont Grenouille bepaalde overeenkomsten met helden als Hercules en Achilles.

- Grenouille lijkt ook op veel van de helden van Pierre Corneille (Franse tragicus, 1606-1684), in die zin dat dood en ellende zijn voetstappen achtervolgen vanaf de eerste adem die hij neemt, maar ondanks hun constante aanwezigheid in zijn leven, stelt zijn persoonlijke verdienste hem in staat de sociale ladder te beklimmen. Ook bereikt hij zijn doel door het ultieme parfum te creëren, waarmee hij de gevoelens van mensen kan beheersen. Hij wordt echter bewust van zijn schuldgevoel en beseft dat zijn parfum hem niet gelukkig kan maken, waarop zijn geweten hem ertoe drijft om op werkelijk spectaculaire wijze zelfmoord te plegen.

- Hij vertoont ook bepaalde overeenkomsten met romantische helden, zoals zijn sterke karakter en zijn zelfverloochening. Deze eigenschappen stellen hem in staat zijn nederige afkomst te ontstijgen en zijn eigen weg te banen, die van de marktkraam waaronder hij is geboren helemaal naar Grasse leidt, waar hij van meesterparfumeurs vakgeheimen leert. Dankzij de kracht van zijn overtuigingen slaagt hij erin zijn absurde project tot een succes te maken, ook al wordt hij bij elke stap geconfronteerd met vijandigheid.

- De zoektocht van Jean-Baptiste doet ook denken aan de kunstenaars van de 19e eeuw die schoonheid en perfectie zochten in de kunst. "De zin en het doel van zijn leven hadden een hogere bestemming: niets minder dan een revolutie in de geurwereld" (p. 46). Geld heeft voor hem geen aantrekkingskracht; hij wil gewoon de perfecte geur creëren, een geur voor zichzelf waarmee hij de wereld met geur kan vullen en alle vieze geuren erin kan uitbannen. Deze zoektocht is ook Grenouilles reactie op het feit dat hij zich bedreigd voelt door de dominante sociale waarden van de wereld: hij trekt zich terug in zichzelf en vindt troost in zijn kunst, namelijk de parfumerie.

Anderzijds deelt hij ook een aantal eigenschappen met klassieke literaire antihelden:

- In de 17e eeuw kwamen in veel romans helden voor waarvan het aangeboren heldendom steeds meer werd overschaduwd door hun persoonlijke tekortkomingen, waardoor de antiheld ontstond. Don Quichot bijvoorbeeld, de held van de gelijknamige roman van Miguel de Cervantes (Spaanse schrijver, 1547-1616), is vastbesloten het tijdperk van de ridderlijkheid en zijn waarden te doen herleven, ook al is de wereld veranderd en is er voor die waarden geen plaats meer. Het verlangen van Grenouille om de wereld te verlossen van alle onaangename geuren zou kunnen worden beschouwd als een soortgelijk soort waanzin.

- Het karakter van Grenouille heeft ook een nog donkerder kant, aangezien hij er niet voor terugdeinst om te doden om zijn doel te bereiken. Hoewel hij aanvankelijk alle andere mogelijkheden onderzoekt, aarzelt hij geen moment om de laatste stap te zetten als hij zeker weet dat het doden van mensen de enige manier is om zijn project te doen slagen.

- De slechtheid van zijn ziel komt ook tot uiting in zijn fysieke lelijkheid: zijn lichaam is op verschillende manieren misvormd en zijn gezicht is aangetast door ziekte. Hij wordt ook vaak vergeleken met een teek – een lelijk insect dat door iedereen wordt verafschuwd, maar dat zich toch overal weet te hechten.

Zijn toestand

Gedurende de hele roman lijkt Grenouille te worden gedreven om te doden door een aantal psychologische omstandigheden.

Wanneer vader Terrier de zuigeling Grenouille in huis neemt, wordt hij al snel door de voedster afgewezen omdat hij geen geur heeft, en zij zegt dat ze niet meer voor hem kan zorgen. Vader Terrier is verbaasd en denkt dat ze gek is en zegt: "De gek ziet met zijn neus" (p. 15). De lezer beseft echter al snel dat de verpleegster het kind beter begrijpt dan vader Terrier, ook al zijn zijn woorden op hun eigen manier waar – en perfect van toepassing op Grenouille. Concreet gebruikt Grenouille zijn mentale kwetsbaarheid als een manier om te ontsnappen aan een wereld die op de rand van een ramp lijkt te staan. Hij zou kunnen worden geïnterpreteerd als een gekke held, wiens zoektocht om te ontsnappen aan de stank van de wereld een symptoom is van zijn afdaling in krankzinnigheid. Deze waanzin uit zich ook in de dromen van Jean-Baptiste, waarin hij zichzelf ziet als "wreker en schepper van werelden" (p. 132).

Naarmate zijn misantropie steeds uitgesprokener wordt (in de ogen van de lezer, niet van de andere personages), daalt Grenouille uiteindelijk af tot megalomanie, zoals we aan zijn steeds groter wordende zelfvertrouwen:

> *"Hij had moeite om het niet als gif en milt over al deze mensen uit te spuwen en uitbundig in hun gezicht te schreeuwen: dat hij niet bang voor hen was; [...] dat zijn minachting voor hen diep en totaal was [...]; omdat zij zich door hem konden laten misleiden; omdat zij niets waren en hij alles!"*
> *(p. 160)*

In feite is hij door deze mentale toestand niet in staat het verschil tussen goed en kwaad te begrijpen, vooral omdat hem nooit enige vorm van morele waarden of grenzen is bijgebracht.

Het leven van Grenouille wordt op zijn kop gezet door één enkel moment: wanneer hij in de rue des Marais het meisje tegenkomt dat Mirabelle-pruimen schilt:

> *"Maar dan, plotseling, was het er weer, een flard, de zweem van een prachtig voorgevoel voor slechts een seconde... en het verdween meteen. Grenouille werd gekweld. [...]. Hij had het voorgevoel iets buitengewoons – deze geur was de sleutel om alle geuren te ordenen, men kon niets van geuren begrijpen als men deze ene geur niet begreep, en zijn hele leven zou verknoeid worden, als hij, Grenouille, er niet in slaagde deze geur te bezitten. Hij moest het hebben [...] om vrede in zijn hart te hebben." (p. 40).*

Bedwelmd door haar geur, wurgt hij haar, zodat hij elk spoor van haar geur op zijn gemak kan inademen: "Het was alsof hij voor de tweede keer geboren was; nee, niet voor de tweede keer, maar voor de eerste keer, want tot nu toe had hij slechts bestaan als een dier met een zeer nevelig zelfbewustzijn" (p. 45). Dit moment heeft een onmiddellijk effect op hem: hij geeft zichzelf een doel – dit parfum opnieuw maken en verbeteren – en streeft dit doel na met een buitengewone vasthoudendheid, die hij demonstreert tijdens zijn tijd met Baldini en Madame Arnulfi. Dit idee wordt al snel een obsessie die zijn leven beheerst, zodat elk obstakel, hoe tijdelijk ook, hem diep demotiveert en verontrust. Hij wordt zo verteerd door dit verlangen dat hij om niets anders geeft en zelfs het leven van anderen als vervangbaar beschouwt; als gevolg daarvan deinst hij er niet voor terug om een moord te plegen om zijn doel te bereiken (en zijn eigen gebrek aan lichaamsgeur zorgt ervoor dat honden hem niet kunnen ontdekken, zodat hij niet kan worden gepakt). Kortom, zijn obsessie om het perfecte parfum te creëren leidt ertoe dat hij een seriemoordenaar wordt.

Deze obsessie geeft aanleiding tot een ander plan: de liefde van anderen winnen met parfum. Grenouille is aanvankelijk asociaal van aard omdat hij de menselijke geur oninteressant en uiteindelijk afstotend vindt. Maar zijn ervaring als kluizenaar maakt hem bewust van de verborgen kracht van zijn passie:

> *"Want geur was een broeder van de adem. Samen met de adem drong het de mens binnen, die zich er niet tegen kon verdedigen, niet als hij wilde leven. [...] [Het] ging rechtstreeks naar hun hart en besliste voor goed en wel tussen genegenheid en verachting, afkeer en lust, liefde en haat. Hij die de geur regeerde, regeerde de harten van de mensen" (p. 161).*

Bij zijn terugkeer naar de beschaving besluit Grenouille zijn ware bedoelingen te verbergen door bedrog en een bescheiden manier van doen. In die tijd creëert een aantal parfums: een vervangende menselijke geur voor hemzelf, vervolgens een hele reeks geuren die verschillende emoties oproepen bij degenen die ze ruiken, met als hoogtepunt een parfum dat Richis, die zijn dochter beschermde, doet geloven dat Grenouille geen bedreiging voor hen vormt. Uiteindelijk slaagt hij erin een elixer te maken dat de geest van iedereen die het ruikt volledig tot slaaf kan maken. Grenouille wordt gedreven door een combinatie van liefde en haat: hij haat mensen, maar zoekt hun bewondering.

Jean-Baptiste gelooft dat hij zijn doel heeft bereikt en zijn verlangen heeft bevredigd. Maar dan heeft hij twee verschillende realisaties:

- Nu het meesterwerk af is, heeft de maker geen reden meer om te leven.

- Het is niet Jean-Baptiste die mensen aanbidden, maar zijn parfum. Hij weet dat hij nooit geliefd zal zijn om zichzelf. Daarom kiest hij ervoor zijn leven te beëindigen.

EEN OLFACTORISCH VERHAAL

Süskinds beschrijvingen van de door Grenouille waargenomen geuren zijn meesterlijk, en anders dan alle andere schrijvers op dit gebied. Terwijl de meeste literatuur de neiging heeft een beroep te doen op de zintuigen van de lezer om de "illusie van de werkelijkheid" te creëren, heeft Süskind een uitstekend inzicht in het hele spectrum van manieren waarop een auteur dit effect kan creëren:

> *"Deze geur had een frisheid, maar niet de frisheid van limoenen of granaatappels, noch de frisheid van mirre of kaneelschors of krulmunt of berk of kamfer of dennennaalden, noch die van een meiregen of een ijzige wind of van bronwater…. en tegelijkertijd had het warmte, maar niet zoals bergamot, cipres of muskus heeft, of jasmijn of narcissen, niet zoals rozenhout heeft of iris… Deze geur was een mengsel van beide, van evanescence en substantie, geen mengsel, maar een eenheid, hoewel ook licht en broos, en toch solide en steunend, als een stuk dunne, glinsterende zijde… en toch ook weer niet als zijde, maar als gebak gedrenkt in honingzoete melk – en hoe hij ook probeerde, hij kon die twee niet samenvoegen: melk en zijde! Deze geur was onvoorstelbaar, onbeschrijfelijk, kon op geen enkele manier worden gecategoriseerd – hij zou eigenlijk helemaal niet moeten bestaan" (blz. 41-42).*

Voor het schrijven van deze roman deed Süskind veel onderzoek naar technieken voor het maken van parfums en naar de samenstelling van geuren, en een opmerkelijke bron van deze informatie was het bedrijf Fragonard in Grasse.

EEN PORTRET VAN DE 18E EEUW

Wij hebben de neiging om de eeuwen die aan de onze voorafgingen te verzuipen, maar Süskind ontkracht deze opvattingen in deze roman door ons onder te dompelen in het Parijs van de 18e eeuw en ons de stank te laten inademen die de stad doordringt: het vuil dat de burgers achterlaten, de kamerpotten die op straat worden geleegd, de verspreide vuilnishopen, de smerige achtertuinen, de rotte vis, de scherpe geur van de leerlooierijen, enzovoort. Er wordt beweerd dat de schrijver zich heeft inspireren door *The Foul and the Fragrant* (1982) van Alain Corbin (Frans historicus, geboren in 1936), een historische studie over geuren.

Een andere manier waarop Süskind de sfeer vervlogen tijden oproept, is door de manier waarop de personages denken en zich uitdrukken. Hij vermeldt:

- Vader Terrier's twijfels over de tegenstrijdigheden van de Schrift, en zijn minachting voor populair bijgeloof (Hoofdstuk 3);
- Verlichtingsdenken, dat Baldini afkeurt (hoofdstuk 11);
- het algemene enthousiasme voor allerlei wetenschappen, belichaamd door de markies de la Tallaide-Espinasse (hoofdstuk 30).

De auteur schetst ook een gewelddadige samenleving, die wordt bepaald door het arrogante, corrupte of ruziezoekende gedrag van elk van haar leden.

EEN HYBRIDE ROMAN

Het parfum bevindt zich op een soort literair kruispunt, aangezien het een aantal kenmerken vertoont die kenmerkend zijn voor verschillende literaire genres, waarvan de meest prominente zijn:

- **Historische romans**. De roman barst van de specifieke historische details: "Ondertussen woedde er oorlog in de buitenwereld, een Wereldoorlog. Mannen vochten in Silezië en Saksen, in Hannover en de Lage Landen, Bohemen en Pommeren" (p. 137). Deze details maken het verhaal niet alleen contextrijker, maar ook realistischer.

- **Filosofische verhalen**. De allereerste regels van de roman vertonen een zekere gelijkenis met het begin van een sprookje, waarin gewoonlijk enkele feiten over de omgeving worden vastgesteld alvorens in het verhaal zelf te duiken. De roman zit ook vol uitweidingen ("Aangezien we Madame Gaillard op dit punt in ons verhaal achter ons moeten laten [...] zullen we enkele zinnen gebruiken om het einde van haar dagen te beschrijven," p. 30). De roman zit vol satirische trekjes die doen denken aan de verhalen van Voltaire, zoals wanneer de theorie van de Markies de la Taillade-Espinasse wordt geprezen door de openbare universiteit van Montpellier, hoewel Grenouille eerder de spot had gedreven met deze theorie door schijnbaar in een aanval te raken wanneer hij het parfum van de Markies rook.

- **Een coming-of-age verhaal**. De roman is opgebouwd rond het leven van één man, Jean-Baptiste Grenouille, en volgt hem vanaf zijn geboorte tot aan zijn dood. Geconfronteerd met de vijandigheid van de wereld om hem heen, moet hij zijn eigen weg zoeken en leren van zijn ontmoetingen met anderen (zelfs als die niet positief zijn). Hoewel Grenouille de wereld uit de weg gaat, ontwikkelt hij zich erdoor.

Het hybride karakter van *Het parfum* creëert een ongewone mix van literaire stijlfiguren die de lezer zowel verbaast als verontrust. Zelfs als hij de moorden die hij pleegt veroordeelt, kan de lezer niet anders dan zich verbonden voelen met deze seriemoordenaar, en hij zal zich zeker verscheurd voelen als hij de laatste bladzijde omslaat. Deze combinatie van verschillende genres zorgt ervoor dat de roman de lezer niet onberoerd laat.

VERDERE REFLECTIE

ENKELE VRAGEN OM OVER NA TE DENKEN...

- Waarom zijn de vier delen van het verhaal verschillend van lengte?

- Welke manier van vertellen gebruikt de auteur?

- Met welk insect wordt Jean-Baptiste vergeleken? Leg uit waarom deze analogie is gebruikt.

- Met welke dieren wordt hij ook vergeleken? Markeer enkele fragmenten uit de tekst.

- Identificeer de passages in hoofdstuk 26 waarin bijbelteksten en koninklijke toespraken worden geparodieerd.

- Zou Grenouille vergeleken kunnen worden met Vulcan/ Hephaestus, de Grieks-Romeinse god? Doe wat onderzoek om je antwoord te onderbouwen.

- Aan welke oude mythe van Plato (Grieks filosoof, ca. 427-348/347 v. Chr.) doet de episode in de Plomb du Cantal je denken?

- Markeer de manieren waarop de roman het stadsleven en de natuur naast elkaar zet.

- Waarom kan het personage van Grenouille zowel als schurk als christelijke martelaar worden opgevat? Onderbouw je antwoord met fragmenten uit de tekst.

- In welk opzicht is de plaats waar Grenouille kiest om te sterven belangrijk?

VERDER LEZEN

REFERENTIE-UITGAVE

Süskind, P. (2010) *Parfum: Het verhaal van een moordenaar.* Trans. Woods. J. E. Londen: Penguin.

REFERENTIESTUDIES

Aron, P., Saint-Jacques, D. en Viala, A. eds. (2002) *Le Dictionnaire du littéraire.* Parijs: Presses universitaires de France.

Scholl, J. (2006) *50 incontournables romans du XXe siècle.* Parijs: La Martinière.

AANPASSING

Het parfum. (2006) [Film]. Tykwer. Dir. Duitsland: Constantin Film Produktion.

*We horen graag van jou! Laat
een reactie achter op jouw online bibliotheek
en deel je favoriete boeken op social media!*

De uitgever garandeert de betrouwbaarheid van de gepubliceerde informatie, die echter niet onder zijn verantwoordelijkheid valt.

www.50minutes.com

Master ISBN: 9782808687706
Papier ISBN: 9782808699105
Wettelijk depot: D/2023/12603/1190

Omslag: © Primento

Digitaal ontwerp: Primento, de digitale partner van uitgevers.